RESSACA DE PALAVRAS

Frank Siera

tradução
Cris Larin

consultoria de tradução
Mariângela Guimarães

Sumário

Sobre a tradução,
por Cris Larin   7

RESSACA DE PALAVRAS   9

Sobre a Coleção Dramaturgia Holandesa,
por Isabel Diegues   61

Sob as lentes da internacionalização de
dramaturgias: Países Baixos em foco,
por Márcia Dias   65

Criando laços entre Brasil e Holanda,
por Anja Krans   69

Núcleo dos Festivais: Colecionar,
um verbo que se conjuga junto,
por Núcleo dos Festivais Internacionais
de Artes Cênicas do Brasil   71

Sobre a tradução

A primeira vez que li o texto de Frank Siera, fiquei absolutamente fascinada.

A musicalidade, o ritmo, a beleza das palavras, sua poesia, ao mesmo tempo que me encantaram, foram também um grande desafio na tradução.

Investigando um pouco mais sobre o autor e a obra, me deparei em algum momento com a expressão "à beira da loucura" e com a palavra "desespero".

Não sei exatamente onde, mas era o que estávamos vivendo naquele momento.

Comecei a tradução confinada na minha casa, no ápice da pandemia no Brasil.

Com 4 mil mortos por dia e o negacionismo empurrando tudo para um buraco ainda maior, mergulhei de cabeça no universo de Frank.

E enquanto essas vozes procuravam saber quem era este homem misterioso em Sheerness, cidade localizada na ilha de Sheppey, também eu adentrei o meu mar para descobrir um pouco mais de mim.

A arte cura.

Salve, Frank!

Salve, Aïcha, Ioná, Isabel, Melina, Márcia e Mariângela!

Boa leitura!

Cris Larin

RESSACA DE PALAVRAS

de Frank Siera

Guia de leitura: Este texto é para três pessoas e deve ser lido com as colunas verticais entrelaçadas. Cada coluna é uma das vozes. Assim, a diagramação do texto na página indica a cadência dos diálogos.

1.

o silêncio
que lentamente
com uma lentidão exasperante
escoa entre tuas omoplatas
até a base das tuas costas
pelo teu rego
o silêncio que escorrega entre teus dedos
como se você o conhecesse da ponta dos teus dedos
o silêncio que engole tua língua
mas torna teu gosto
mais afiado
mais sensível
perfeito
o silêncio dentro do teu corpo
eu sei melhor me silenciar do que me calar
eu não mastigo minhas palavras
eu prefiro falar com tagarelas
que com águas paradas
eu não tenho medo de silêncios

eu tenho medo do que é calado
daquilo que não é dito
se calar é sempre sinal de má consciência
alguma coisa que a gente dissimula
não está destinada a ver o dia
o que não é destinado a ver o dia
nunca é saudável
só pode fermentar
permanecer latente
arranhar

2.

o que fazer
quando de repente o mundo fica de cabeça para baixo
por tua causa
não
        sobretudo
        o que você de fato fez
        quando de repente o mundo ficou de cabeça para
        baixo
        por tua causa

3.

o barulho do vento fresco da primavera
um som sibilante

    o verão se apressa pelo seu retorno
o sol
    desaparece sutilmente depois de meses
tenta agora cuidadosamente pôr os pés na terra
ele não tem o direito de um retorno triunfal esse ano
    uma primavera fresca
    pouco promissora
    recaiu sobre a cidade costeira de sheerness
sheerness se encontra no lado noroeste
da ilha de sheppey
e esta se encontra no lado sudeste
da grã-bretanha
a ilha possui uma via férrea e uma autoestrada
conectada à terra firme da grã-bretanha
que por sua vez também é uma ilha
    sheerness significa literalmente claridade
sheerness é um lugar claro
com 11.914 habitantes recenseados
uma praia
e em pleno centro um grande relógio antiquado
    um relógio que faz o tempo passar num claro tique-taque
    na clara sheerness
que as praias estejam desertas
que as crianças não pulem mais na água gritando
que os carros dos turistas não engarrafem as ruas
    não quer dizer que o tumulto tenha desaparecido com o
    sol
não quer dizer que a calma tenha recaído sobre a clara sheerness
ainda agora
    as ondas do mar murmuram
    fluxo e refluxo montando guarda
    incansáveis

as portas das casas batem
os habitantes vão e vêm
como de costume
    os saltos ressoam nas ruas
    tão afiados e abruptos
    como de costume
as conversas telefônicas e outras discussões virtuais atravessam
o espaço
    os empregados dos escritórios falam com seus patrões
    numa língua clara
os patrões falam numa língua clara com seus sócios
    os sócios falam numa língua clara com seus camaradas
que por sua vez jogam conversa fora
    tagarelando
tagarelando e zombando com os empregados do escritório
    e o céu cinza sobre a clara sheerness
    sempre repleta de palavras
frases
    textos
histórias
acontecimentos
    lembranças
invenções
    fantasias
mesmo nesta quinta-feira 7 de abril pouco promissora
    na praia da clara sheerness
a praia deserta
    até a beira da água
    uma pegada
como uma pequena poça
    uma pequena poça

de água do mar
    marcada à custa do grande esforço de um pé
um pé direito
para ser exato
    um pé direito molhado
    seguido do esquerdo
que meio metro à frente
nessa mesma praia
deixa também uma pegada
    quando o pé direito se levanta
    e vai se recolocar um pouco mais adiante sobre a areia
    a primeira pegada desaparece como neve ao sol
ou como a água na areia
    na beira do mar
    precipitam-se dois sapatos pretos encharcados
que a cada passo deixam um rastro
    rastro que desaparece muito rápido
um rastro que vai da areia da praia
ao asfalto da avenida
    e do asfalto da avenida
    às pedras da calçada
    que em geral se deixa pisar facilmente

4.

eu acho que é por causa do amor
tudo começou por um desejo ardente
isso começa com um homem
que deseja ardentemente

ele deseja
contato
contato autêntico
como se pode ter com uma única pessoa
ele anseia por contato carnal
beijo na boca mãos dadas
passar dias inteiros juntos
sem se obrigar a quebrar o gelo a cada vez
passar as noites juntos
sem ter que ficar tateando toda vez
seu desejo será realizado
pois esse momento chegou
em que nosso protagonista encontra sua princesa
o momento em que nos vemos
um belo dia de maio
você com um vestido azul
eu vestido nem sei mais como
nossos olhares se cruzam
olhos que nos aproximam

5.

    mas ali
    na calçada da clara sheerness
    que em geral se deixa pisar facilmente
    caminha um homem alto
vestido com um terno preto
completo com gravata e sapatos sociais chiques
sapatos pretos encharcados

um terno caro
pingando água
    ele avança com dificuldade
seguido por sua própria pegada
    um cervo em um bosque
mas este cervo está em sheerness
e percorre as ruas com seus grandes olhos de cervo
as ruas onde o tumulto passa despercebido por ele
    e ele pelo tumulto
tem-se uma impressão de uma indiferença recíproca
    até que
    o homem decide
    parar
os braços ao longo do corpo
seus olhos de cervo grandes e observadores
os pés solidamente plantados
    do seu terno cai às vezes uma gota sorrateira
e neste momento
    todo mundo para
os transeuntes se viram
um carro para
    o tempo
pausa por um instante
    o grande relógio antiquado
    no coração da cidade
para de girar por um instante
    e sheerness é sugada por um vácuo
a cidade está paralisada
por um instante o homem se encontra no centro
ele é o centro
um buraco

    que engole tudo e todos
        as histórias dos empregados do escritório
        engolidos por esse vazio
as fantasias dos camaradas
engolidas por esse vazio
        os problemas dos patrões
        engolidos por esse vazio
o céu sobre sheerness se imobiliza
        uma gaivota solitária bate suas asas
        grita espantada a suas amigas gaivotas
        mas sente rapidamente que não está em seu lugar
        e voa para longe
        decepcionada
o som de um vazio
        um som que parece sussurrar
um som que corta
    nenhum som
    silêncio
no coração desse vazio
longe do falatório estúpido
somente a pergunta essencial permanece
    quem é esse homem
quem é esse homem
o que faz aqui
    que segredos esconde
    o que está tramando
    de onde ele vem
    o que está planejando

6.

algo não está bem com esse homem
    eu acho que ele esconde alguma coisa
o quê
    eu acho que ele quer se vingar
contra quem
    talvez tenha sido traído
por quem
    toda a sua percepção de mundo desmoronou
    por causa
    de seus filhos
será que teria filhos
    sim seus filhos
ah então ele tem filhos
ele tem filhos
    sim ele tem filhos
dois filhos
    gêmeos

7.

então
    o empregado do escritório
    toby
    vê o homem
    agarra seu telefone
    digita alguns números

      coloca o telefone perto de sua orelha
      e espera
um toque
mais um toque
mais um toque
      comissariado central de sheerness
      bill ao telefone
      em que posso te ajudar
      sim
      sim sim
      hum hum
      ok
      eu me encarrego
      muito obrigado
um motor começa a roncar
      um giroflex e uma sirene
um carro de polícia chega
      a porta se abre
o homem no carro
      a porta se fecha
o motor ronca de novo
      a cidade se recoloca em movimento

8.

tem-se a impressão de que ninguém o conhece
      ninguém quer conhecê-lo
será que ele tem muitos amigos

será que é um homem sociável
    um homem sociável
    só essa palavra
será que ele tem uma família numerosa
    consideremos que ele não tem filhos
sem dúvida ele vem de uma família numerosa
    ele não tem filhos
mas ele mesmo veio de uma família numerosa
    onde está essa família agora
eu acho que ele é o caçula de cinco filhos
três filhos
duas filhas
ele é um filhinho de mamãe
    seus irmãos e irmãs são mais próximos do pai
ele é sobretudo ligado à mãe

9.

    o homem está no banco de trás no carro
seus olhos de cervo estão maiores do que nunca
seu terno continua muito molhado
seus lábios continuam fechados
o homem não diz nada
o policial bill lhe faz uma dezena de perguntas
    quem é o senhor
    de onde o senhor vem
    o senhor sabe onde está
    o que faz aqui em sheerness

      por que seu terno está molhado senhor
      o senhor nadou
o homem não diz nada
      não tem nenhum documento
      e ele não parece disposto a dizer seu nome
      um tradutor do leste europeu será chamado
      um intérprete uzbeque
      um intérprete árabe
      um intérprete do azerbaijão
quem é o senhor
      efendim siz kimsiniz
de onde o senhor vem
      efendim siz haradan var
o senhor sabe onde está
      efendim siz harada bilirsiniz
o que o senhor faz em sheerness
      siz sheerness burada ne edirik
por que seu terno está tão molhado
      efendim sizin paltar bele nem var
o senhor nadou
      yüzebiliyor
o homem continua a não dizer nada
      ele não diz absolutamente nada
não ele não diz absolutamente nada
      o que ele diz
nada
      ele não diz absolutamente nada
é exatamente o que eu disse
      isso é
      inacreditável
é isso que também acha a prefeita bárbara

        sem dúvida esse homem sofre de amnésia
        depois de uma longa reunião chegamos à conclusão
        de que podemos oferecer a ele condições adequadas aqui
        em sheerness
        os cuidados apropriados
        o clima apropriado
        para que ele se restabeleça completamente
        e retorne em plena forma para o mundo
o policial bill tem um ponto de vista diferente
        este homem é simplesmente surdo-mudo
mestre frederico não concorda
        na minha opinião este pobre homem é analfabeto
        ninguém nunca o ensinou a ler e escrever
irmã jenny tem sobretudo pena
        ele está traumatizado
        ele precisa de ajuda
bjorn o açougueiro tem a solução
        um dia esse homem se sentiu muito sozinho
        então começou a falar consigo mesmo
        e ele ainda espera a resposta
        mais alguma coisa madame

10.

quem é esse homem
por que ele não fala
    por que ele olha
    observa

    está atento a tudo e a todos
sem se pronunciar
    sem dizer o que pensa
pois é claro que ele pensa
isso me parece inevitável
    atrás de seus grandes olhos de cervo se escondem grandes pensamentos
    uma proliferação de ideias
de opiniões
    de projetos
de considerações
    mas ele guarda tudo para si
    engole tudo de novo
como você engole seu vômito
    e engolir vômito nunca é bom
    o vômito deve sair
    por que ele não fala
ele com certeza aprendeu a falar
mas é exatamente esse o problema
ele aprendeu muitas coisas
a gramática
    a ortografia
as declinações
    sintaxes
conjugações
    sinônimos
é demais para ele
ele começa a ficar tonto
ele aplica o que aprendeu em tudo
e a cada frase ele tem medo de infringir as regras
    ele é muito consciente do que ele diz

começa a tropeçar
    sobre suas próprias palavras
    sem poder dizer mais nada com medo de errar
hesita nas expressões mais simples
    morrer de rir
    morrer de rir
    afinal o que é essa expressão morrer de rir
    que imbecil inventou isso
    de colocar o verbo morrer
    na frente do que faz rir
ele não conseguia abrir a boca para dizê-la
    portanto decidiu fechá-la
e às vezes
somente murmurar
    mesmo isso ele não faz mais
ele não murmura
    de jeito nenhum
nem mesmo murmura
    não ele não murmura
todo mundo murmura
    esse homem não murmura
então ele não tem mais voz
não pode ser outra coisa
ele não pode mais falar
pois ele não tem mais voz
    todo mundo tem uma voz
a voz desse homem acabou
suas cordas vocais são como a película de um filme
que rodava e projetava e rodava e projetava
e de repente o filme terminou
the end

11.

    eu acho que ele não fala mais
    porque ele não ousa falar
ele não ousa falar
    não
    ele foi traído
    não por qualquer um
    pelas palavras
    as palavras o traíram
    ele dava a elas muita importância
    confiava demais
    quando na verdade elas estavam mentindo
    elas mentiam completamente
para distorcer a verdade
    e distorcer é um eufemismo
    agarravam a verdade pelo pescoço
    e a arremessavam sem pena contra a parede
era um jovem eloquente
um estudante talentoso
ele sabia domesticar a língua
um bom orador
a quem não se pode engambelar facilmente
quanto mais ele envelhece
    mais valor ele dá às palavras
    ele começa a perceber o seu poder
    elas se tornam armas de combate
confirmação de acordos e promessas
    confirmações de confirmações
uma simples palavra de três letras

  sela o amor
      sim
          sim
      e o que esta confirmação fez nascer
      gêmeos
      dois filhos

12.

o momento em que eu te vejo
o momento em que você me vê
esse lindo dia de maio
nossos olhares que se cruzam
nossos olhos que se unem
esse momento foi a origem de uma nova vida
uma vida de amor
de puro gozo
justamente um contato autêntico
o lado carnal
que ele desejava ardentemente
perfeito
como uma água perfeitamente lisa
sem dobras
sem rugas
sem conflito
    com exceção
daquela vez
    quando chegou mais tarde em casa
sim com exceção daquela vez

    e a outra vez
    quando ele parte sem motivo
    bem no meio da história dela
sim com exceção daquela vez também
    e a outra vez
    você sabe
    a vez que ele
aquele momento
em que eles se viram pela primeira vez
aquele lindo dia de maio
    agora é pouco a pouco enterrado sob espessas camadas
    de brigas
    camadas grossas de chatices desnecessárias
    perguntas
    preocupações
    gritos e censuras
    após cada mentira um subterfúgio
após cada subterfúgio a dúvida
    após a dúvida as brigas
    as injúrias e os xingamentos
    atiravam as palavras
e só depois que estavam estilhaçadas
eles descobrem
a natureza dessas palavras
e então vêm as desculpas
Primeiro desculpas hesitantes
depois desculpas sinceras
e depois os apaixonados nãoqueroteperder
    e só então
    só então poderiam se amar
a conversa sem palavras

na qual eles se fundem
    literalmente
formalmente
    fisicamente
a magia
    mas bem
    o dia seguinte é de novo cheio de palavras
    transborda de brigas
    no início ele participa
    reage
    se rebela
    não evita a discussão
e depois
de repente
ele se lembra daquele dia
aquele lindo dia de maio
o dia em que um simples olhar foi suficiente
foi tudo
    e decide parar

13.

enquanto isso aqui está nosso homem
no hospital da clara sheerness
onde irmã jenny mantém sobre ele um olhar atento
    uma escuta atenta
    na esperança de ouvir o homem dizer qualquer coisa
irmã jenny continua a cada vez

    dia após dia
com uma perseverança sem limites
colocando papel e caneta sob o nariz dele
  tão persistente quanto
  o homem continua a cada vez
dia após dia
  a não escrever
até que
num determinado dia
    uma segunda-feira dia de lavar roupa
irmã jenny não estava muito atenta
  ela lavava os lençóis dele
mas
então escutou
no silêncio pesado do hospital
o roçar da ponta de um lápis
    ele coloca a ponta do lápis sobre o papel
    e uma linha hesitante aparece
    ele levanta a ponta
    e a coloca de novo sobre o papel
    em outro lugar
irmã jenny vai chamar o médico
   olhe
   ele está escrevendo
  isso não é uma escrita
    o que é então
    ele faz contas
  não
    ele faz palavras cruzadas
  não
    o que é então

      ele desenha
      o homem desenha
      o que ele desenha
    uma casa
      uma mansão
  um prédio
      um arranha-céu
oh não
é
um piano
um esboço
desproporcional
mas sem dúvida alguma um piano

14.

ele é um filhinho de mamãe
    seus irmãos e irmãs são mais próximos do pai
ele é sobretudo ligado à mãe
desde o seu nascimento de fato
o mais jovem rebento
    ele foi um pequeno acidente
    não planejado
    além da conta de fato
    quatro era suficiente
e isso foi justamente o que sua mãe achava especial
esperavam muito dos outros filhos
      nós esperávamos muito dos outros filhos

      eles só poderiam nos decepcionar
      ele poderia apenas nos surpreender
      ele é meu talismã
os risos os gritos os barulhos de sucção os choros a algazarra
ela adora tudo isso
ele por sua vez se regozija da atenção que ela lhe dá
ela cuida para que ele não se afogue
na cacofonia dos quatro primogênitos
que ele possa também se expressar
e escapar de vez em quando
daquela cacofonia
agora que ele cresceu
vão frequentemente velejar juntos
num minúsculo veleiro
velejando na imensidão
em geral flutuando tranquilos
por uma calmaria sem nenhum ruído
raras conversas
    pois se falassem muito
    o que eles poderiam se dizer
        que vento hein meu filho
    sim isso não acontece com frequência
        não
        acontece
        mas um vento tão violento quanto agora
    não tão violento quanto agora só acontece raramente
        sim é raro
    exatamente
portanto falavam pouco
no mar ele não precisava continuar falando
    para ser o mais forte

conquistar seu lugar
>   dar-se o direito de existir
>   falo logo existo

15.

um esboço
desproporcional
mas sem dúvida alguma um piano
>   o tumulto recomeça

um piano um piano
é um piano
ele quer um piano
nós devemos achar um piano
onde se acha um piano
>   como se depois do seu desenho o homem de repente
>   tivesse pressa
>   e pudesse decidir fugir a qualquer momento

começa uma busca desesperada por um piano
passando nas casas
>   visitando a loja de pianos na seaside avenue

chamando edward o professor de piano da escola de música
>   percorrendo as ruas com pressa

os arredores
>   os bairros

em nenhum lugar se encontra um piano
na clara sheerness
>   por causa de um simples desenhinho

　　　　procura-se um piano em sheerness
　　　　na cidade e no campo
encontra-se um piano
　　　　viva
é preciso agora fazer o piano chegar a ele
　　　　então
aluga-se uma camionete
　　　　é preciso agora colocar o piano dentro
então
　　　　quatro fortões se oferecem como voluntários
jack da short street
mike da hope street
roy da high street
e dylan da shortwater street
　　　　jack mike roy e dylan
jack mike roy e dylan içam o piano para dentro da camionete
　　　　a camionete adentra a cidade
jack mike roy e dylan descarregam o piano
　　　　e o entregam
　　　　na delegacia
de novo o pânico se instaura
o policial bill grita com os quatro fortões
　　　　essa coisa não tem nada o que fazer dentro do nosso escritório
　　　　é para o homem no hospital
　　　　bando de imbecis
como um bando de imbecis jack mike roy e dylan recolocam novamente o piano na camionete
e transportam o piano
da delegacia ao hospital
　　　　o piano é colocado bem na frente dele

        no começo o homem parece não ter nenhuma reação
entretanto
    finalmente
    após alguns segundos o homem se senta em frente às teclas
    atrás dele uma multidão de pessoas
irmã jenny
    o funcionário do escritório toby
    o policial bill
o médico
    jack mike roy e dylan
observam tensos e em silêncio
    como se o homem tivesse vindo salvar o mundo
    e se preparava para fazê-lo apertando uma tecla
ele aproxima os dedos do piano
pousa-os sobre as teclas brancas
    a respiração dos espectadores
    ou melhor dos ouvintes
    para
a respiração para e o vazio volta
antes mesmo que o homem toque numa tecla
sheerness inteira se cala
    novamente a atenção de todos na cidade
    e mesmo de fora
    é tragada pelo homem silencioso
    todos os olhares
    se voltam em direção aos seus dedos
que de repente
começam a tocar
tocar o piano como se eles nunca tivessem feito outra coisa
os dedos

  se deslocam
exímios
  de um lado para outro
os lábios
  cerrados
os olhos de cervo
  grandes
  e as notas do piano preenchem o silêncio
o vazio se estende para além de sheerness
fora das fronteiras do país
o olho do furacão
a calmaria que abarca todas as forças da tempestade
transborda
atravessa até mesmo os oceanos
e se torna uma obsessão internacional
  rapidamente os jornais do mundo inteiro noticiam
quem é esse homem
  impostor ou perturbado
o homem do piano pode permanecer para sempre um mistério
  pandemia do medo
o homem do piano continua um grande desconhecido no mundo
moderno
  um náufrago em sheerness
o mistério do pianista silencioso
  por que ele continua em silêncio
  o que ele faz em sheerness
  por que seu terno está molhado

16.

o menino eloquente
teve filhos
    gêmeos
dois filhos
    o homem utiliza as palavras como consolo
    pomadas
    curativos
    sobre os pequenos machucados de criança
    para as lágrimas de criança
    dos gêmeos
pouco importa
o que importa é que você seja feliz
    não importa o que digam as pessoas
    não te aborreças
    as palavras não machucam
quando você está cercado de pessoas que te admiram
e que te amam
então tudo se ajeita
    se você quer realmente alguma coisa
    e faz tudo para conseguir
    você conseguirá
você não precisa conseguir de cara
em todo caso eu quero que você tente
    o importante não é ganhar
é participar
    suas palavras se tornaram remédios milagrosos
simples
e sempre eficazes

      eles as engoliam como mel
      mas os gêmeos se tornam adultos
      e aprendem que o mundo não gira unicamente em torno deles
      que tentar não é o suficiente
      que participar não é o suficiente
      que se trata realmente de ganhar
      que mesmo se formos amados
      nem sempre tudo se ajeita
      a bolha estoura
      a bolha que o próprio homem criou
      com suas lindas palavras
      estoura violentamente
profundamente ofendidos
desencantados
    furiosos
    eles se voltam contra o pai
    sedentos de vingança
eles bolam um plano
    bater a cabeça dele da mesma maneira impiedosa contra a parede

17.

o homem relembra então aquele lindo dia de maio
aquele dia quando apenas um olhar foi suficiente
foi tudo
    mas decide parar

      ele decide parar
      não mais acompanhar o fluxo de palavras dela
para seu próprio bem
      ele tenta filtrar
entre as milhares de palavras que ela utilizava cotidianamente
ele tenta filtrar as verdadeiras pérolas
      às vezes pérolas amargas
      ou diamantes brutos
mas sempre o cerne daquilo que ela tenta formular
      e vice-versa
ele ignora o blá-blá-blá cotidiano
ele abandona as conjunções e os intervalos
      que só deixavam o contato entre eles mais confuso
ele tenta restabelecer a relação
com a única palavra
que realmente é necessária
      quando se vai toda semana ao parque de diversões
      perde-se o interesse depois de um tempo
      assim ele se torna um homem de poucas palavras
cada palavra é como um presente que ofereço a ela
uma joia preciosa
levou um tempo até que ela também se contagiasse com meu
ideal
mas agora ela parece apreciar a minha escolha
ela também se limita unicamente
ao estrito necessário
      por dias inteiros ela não diz nada
o amor é
mais intenso
mais concreto
quase palpável

18.

    sua mãe e ele ainda velejam regularmente
    em busca de segurança
mesmo agora que o menino cresceu
é um homem adulto
dono da sua própria vida
    mas o mundo chama
    chama alto
o homem consegue um emprego
    um emprego que lhe toma muito tempo
eu ensino crianças
eu as ensino a ler e escrever
eu cuido para que elas não se afoguem
na cacofonia de uma turma numerosa
    isso torna cada vez mais difícil encontrar tempo
às vezes ainda fins de semana livres
ou férias escolares
    mas mesmo as férias são totalmente ocupadas
o veleiro fica cada vez mais sem uso
    aos poucos vai ficando esverdeado
de um verde sujo
    o tempo corre frente ao homem como um trem-bala
dorme para
    levanta come anda para
        senta trabalha fala para
        senta trabalha fala para
    come para
dorme para

19.

    eu sei melhor me silenciar do que me calar
björn o açougueiro
        eu não mastigo minhas palavras
        eu prefiro falar com os tagarelas
        do que com águas paradas
        eu não tenho medo dos silêncios
        eu tenho medo do que é calado
        daquilo que não é dito
        se calar é sempre sinal de má consciência
        alguma coisa que a gente dissimula
        não está destinada a ver o dia
        e o que não é destinado a ver o dia
        nunca é saudável
        só pode fermentar
        permanecer latente
        arranhar

20.

    os gêmeos bolam um plano
        bater a cabeça dele impiedosamente contra a parede
eles enviam cartas ao pai
        cartas anônimas
não cartas de amor
        não palavras de conforto
        pomadas
        curativos

sábias palavras
um oráculo via correio
    eles começam de uma maneira inocente
com provérbios previsíveis
    mas que chegam sempre no momento certo
    quando ele mais precisa deles
        não palavras mas atos
        belas palavras não servem para nada
        seja um homem de palavra
nada de sensacional
mas o timing
o anonimato
a magia dessas simples palavras sobre uma folha de papel
atingem seu alvo
    como um horóscopo
mas menos vago
    essas palavras sem dúvida alguma falam dele
tão pessoais e certeiras
que o deixam feliz a cada vez
    ele espera essas cartas
deseja essas cartas
    começa a aplicar seus conselhos
uma linha de conduta
    um suporte

21.

    de volta a sheerness
jorram reações

    do mundo inteiro
um mímico polonês
que trabalha na itália
declara
    ele é um músico de rua francês
    stéphane masson
só que stéphane masson não está em sheerness
mas na frança
na rua
    naturellement
    je travaille
    donc pourquoi me déranger
a televisão italiana traz uma solução tranquilizadora
    ele é um concertista silencioso
è un pianista fantastico
ele se apresentou entre outros no maggio musicale fiorentino
il grande evento musicale a firenze
    não ele é holandês
marcel de krommenie
    nosso marcel desapareceu há semanas
mas nosso marcel se apresentou espontaneamente numa delegacia de amsterdã
    a bbc finalmente tira o mundo de sua angústia
    ele é um baterista tcheco
    de um famoso grupo de rock tcheco
    os membros da sua banda o reconheceram
é o tomas
tomas strnad
o baterista da ropotamo
nossa banda
    um tradutor tcheco já está a caminho

mas neste momento
o dito baterista está na televisão
    eu falo
    eu não toco piano
    eu estou simplesmente em praga
uma dinamarquesa reconhece seu marido
    meu marido foi embora há alguns meses
    ele ia visitar a mãe doente
    mas ele nunca mais voltou
o homem do piano
incessantemente reconhecido
    ultraconhecido
mantém o silêncio

22.

o pai começa a dar tanto valor às cartas
que ele não se pergunta mais quem as havia enviado
    o que importa é que ele as recebe
as palavras tornam-se cada vez menos vagas
    os provérbios dão lugar às notificações
        desconfie de sua mulher fiel
        ela reclama e zomba de você
        e fala com outros homens pelas suas costas
        teu melhor amigo tem belos discursos sobre amizade
        mas ele conta fofocas e semeia a discórdia
        para ficar amigo de todo mundo
        e os pãezinhos do padeiro
        não são tão frescos como parecem

ele descobriu que seus amigos eram menos amigos do que ele pensava
    então ele se afasta deles
        acredite-me
        você será feliz
ele segue todos os conselhos
    eu lhes sou grato
    as cartas me ajudam a ficar no caminho certo
    eu preciso delas
    é um vício
    mas um vício inocente
necessidade vital número um
a satisfação das palavras se torna mais intensa
mas também mais curta
sem uma carta ele perde a calma
    não dá para conversar com ele
    ele se afasta do mundo
    um solitário isolado

23.

    por dias inteiros ela não fala nada
o amor é
mais intenso
mais concreto
quase palpável
a prova que todas essas palavras eram supérfluas
ele aprecia o silêncio
era como se eles fossem fundidos um ao outro

    ele era o único a sentir essa fusão
    ela sente sobretudo o silêncio
    a falta de contato
   ele não conta mais nada
     ela tem que adivinhar quando ele
  está zangado
    e contra quem
  e por quê
ele ainda sente prazer
    quando sai
  e para onde vai
    em direção a quem
  por quê
ele ainda aprecia o silêncio
    ela se pergunta com quem ele está
  perto de quem ele se sente seguro
ele aprecia seu inocente passeio da noite
    ela está em pânico
ele aprecia o silêncio de fora
    ela se pergunta o que fez de errado
  o que ele procura nos outros
ele procura durante o passeio
a palavra certa
que é suficientemente importante
para lhe presentear
    seu silêncio a deixa louca
   mesmo uma pergunta trivial é demais
     uma pergunta que soe romântica como
     e se nós fizéssemos amor
     soa como uma ordem
amor

24.

    senta trabalha fala para
    senta trabalha olha fala levanta anda fala trabalha
    para
dia após dia
eu tomo cuidado
para que as crianças não se afoguem na sala de aula
como minha mãe fez dia após dia
por mim
    senta olha trabalha levanta anda fala trabalha fala
    para
um toque
mais um toque
e mais um toque
    alô
    sim
    sim
    sim
    sim
    ok
    obrigado
    eu acho
o tempo que antes passava por ele como um trem-bala
faz uma parada de emergência
fica imóvel
olha para ele por um instante de maneira desafiadora
e depois prossegue ainda mais rápido
mais rápido que nunca
    a cacofonia se derrama sobre ele

   com mais força do que ele poderia ter imaginado
ele deixa acontecer
deixa-se invadir por esse dilúvio
as belas palavras
  o falatório
as divagações
  de seus irmãos e irmãs
  que
como ele
  colocam suas melhores roupas
quando alguém morre
tem pessoas que choram
tem pessoas que se fecham
tem pessoas que não conseguem compreender
e
  tem irmãos e irmãs
  que assimilam a morte de sua mãe tagarelando
  tagarelando sem parar

25.

ansioso
desconfiado
dependente de envelopes
  o fundo do poço
sem falar com ninguém depois de meses
nenhuma carta reconfortante durante semanas
  os olhos fundos dentro das órbitas e os lábios secos

    pele descamando e espinhas
    inexpressivo e inacessível
e de repente chegou
no início da manhã
um envelope
enfim
a salvação
    a liberação
uma carta
    com as mãos trêmulas
    eu abro o envelope
    desdobro a carta
    e leio as palavras

26.

bela coroa de flores hein
    sim bela coroa é verdade
    de quem é
não faço ideia
mas é bonita hein
    sim muito
    que flores são essas
são dálias
    ah são dálias
sim são dálias
    ah é assim que são as dálias
sim

  lindas né
      sim são lindas dálias
      quanta gente hein
  sim que comparecimento
      sim que comparecimento
      comovente
  sim comovente
      lindas dálias
      você já conseguiu
      assimilar um pouquinho
  ah
  o que dizer
  o tempo cura todas as feridas
      sim o tempo cura todas as feridas
      é verdade
      falou bem
      falou bem agora há pouco também
      tem que ter dom
      eu não seria capaz
      admiro viu
      a maneira como você faz
  que gentil
  também admiro
  a maneira como você faz
      ah eu faço o que dá
      é o que é né
  bem
  é verdade
  pode se dizer
      é o que eu digo
  exatamente

        não há palavras para isso
não
as palavras ficam aquém
        as palavras ficam aquém
        falou bem
        felizmente não tem bolo
não é muito convencional
um bolo no enterro
        é o que eu quis dizer
não esses docinhos são muito melhores
        exato
você não acha isso festivo demais
        como assim festivo demais
esses docinhos
docinhos num enterro
        não
        você acha festivo demais
não
eu não sei
não
tudo bem na verdade
eu acho
        sim eu também acho
felizmente
        sim
sim
        exato
por isso
        é verdade

27.

enquanto ele mede cuidadosamente suas palavras
como pepitas de ouro num rio
      ele está vazio
      o rio secou
      suas palavras se esgotaram
ele continua a apreciar o silêncio
    mas
    de repente vê
    que ela definitivamente não aprecia
      ela o tinha esquecido
    ela quase não saía mais da cama
    perambula sem rumo pela casa
    parece não ter mais opinião sobre nada
    só agora ele finalmente compreende
    que eles não compartilham o mesmo silêncio

28.

falar não faz nenhum sentido
é sobretudo o fato de estar ocupado
que possibilita seguir em frente
    a discussão como uma fuga do buraco negro
ele presta atenção
    mas não escuta nada

aquilo não chega ao cérebro dele
como se o dique tivesse se rompido
o estrondo
do qual sua mãe sempre havia tentado protegê-lo
agora se derrama sobre ele
de forma ensurdecedora

29.

papai querido
não se preocupe
tudo vai dar certo
cercado de pessoas que te amam
tudo vai dar certo
o tempo cura todas as feridas
a única coisa que importa é que você seja feliz
se você quiser alguma coisa
se você quiser realmente
e fizer tudo por ela
então você conseguirá
ser feliz
é o que você quer não é
o importante não é conseguir
é tentar
e continuar tentando
e continuar tentando

30.

e de repente
eu me dou conta que se calar se tornou normal
o fato de não dizer nada
o silêncio que nunca deveria se chamar silêncio
que o contato se espalhe entre nós como um grande espaço vazio
não se trata do silêncio de ouro
de meia palavra basta
esse silêncio coloca sal nas nossas feridas
o silêncio que apesar de si mesmo grita
urra
cospe
ofega
divaga
mas não consegue se fazer ouvir
é o tipo de silêncio que penetra por debaixo das unhas
que se enrosca sob tua pele
remói sangra e machuca
um silenciar que luta com o silêncio

31.

como se apertássemos sobre a tecla de rebobinar
tudo aquilo que ele um dia disse
volta a seus pulmões
de uma só vez

uma respiração de tirar o fôlego
como se todo seu corpo fosse sugado por um vácuo em um segundo

32.

    depois de duas mordidas nos docinhos do enterro
    e uma olhadinha rápida nas dálias
essas lindas dálias
    não sem antes olhar mais uma vez para ela
    uma troca de olhares
    mas olhos que não se encontram
não sem antes dar uma última olhada na última carta
    ele sai
    no seu terno de três peças
com gravata combinando
e sapatos sociais sob medida
um terno luxuoso
    e desaparece debaixo d'água

33.

na clara sheerness os dias passam
sem nenhuma mudança
    a cada palavra não pronunciada
    a volta do verão chega um pouquinho mais perto

embora a primavera aparentasse ser pouco promissora
o sol agora parece ter reunido toda sua coragem
e mostra sua face mais bonita
    o calor transforma a clara sheerness
    em um balneário turístico
as praias são invadidas
    as crianças se jogam na água gritando
as ruas estão engarrafadas de carros de turistas
    o céu por sobre sheerness
não está mais cinza
    nem vazio
o céu sobre a clara sheerness está novamente cheio de palavras
fantasias
    o vazio
    que sheerness
e o resto do mundo
    conheceram durante meses
    se dissolve lentamente
despercebido
        pouco a pouco
esquecemos o homem
    o qual continuamos sem saber
    quem é
irmã jenny prepara novos leitos
o policial bill atende novamente ao telefone
a prefeita bárbara tem de novo reuniões frequentes
jack mike roy e dylan voltam à normalidade
jack mike roy e dylan
quatro fortões de sheerness
    quem se pergunta ainda por que nosso homem do piano
    se cala
ele continua calado

34.

    imerso
    ele submergiu na água
    para experimentar o murmúrio que apazigua
    que só podemos escutar dentro d'água
o silêncio que tranquiliza
murmúrio de pequenas ondas
de suaves correntes
de bolhas de ar que sobem
    bolhas que sobem
    das quais somente as mais essenciais
    alcançam a superfície
    para enriquecer o ar com um leve pluf
esse silêncio o homem quer usar sobre a água
ele só deixa emergir as palavras verdadeiramente essenciais
para alcançarem o céu sobre sheerness
para enriquecer nosso mundo com um leve pluf

Sobre a Coleção
Dramaturgia Holandesa

A Coleção Dramaturgia teve seus primeiros títulos publicados em 2012, pela Editora Cobogó, com textos de jovens dramaturgos contemporâneos brasileiros. Com a ideia de registrar e refletir a respeito dos textos de teatro escritos em nosso tempo, no momento que as peças estavam sendo criadas e encenadas, esses livros chegaram às mãos de seus leitores — espectadores, estudantes, autores, atores e gente de teatro em geral — para ampliar as discussões sobre o papel do texto dramatúrgico, sobre o quanto esses textos são literatura, se bastava lê-los ou se seria preciso encená-los para se fazerem completos, e muito mais. Mais que as respostas a essas questões, queríamos trazer perguntas, debater modelos de escrita e seus desdobramentos cênicos, experimentar a leitura compartilhada dos textos, ou em silêncio, e ampliar o entendimento da potência da dramaturgia.

Nesse caminho, publicamos diversas peças de autores como Jô Bilac, Grace Passô, Patrick Pessoa, Marcio Abreu, Pedro Kosovski, Jhonny Salaberg, Felipe Rocha, Daniela Pereira de Carvalho, Jorge Furtado, Guel Arraes, Silvero Pereira, Vinicius Calderoni, Gregorio Duvivier, Luisa Arraes, Diogo Liberano e muitos outros. Trouxemos também para a coleção autores estrangeiros como Wajdi Mouawad (*Incêndios*), Daniel MacIvor (*Cine Monstro, In on It* e *A primeira vista*), Hanoch Levin (*Krum*) e mais recentemente Samuel Beckett (*Não eu, Passos* e *Cadência*), todos com suas versões para o português encenadas no Brasil.

Esse projeto de pequenos livros contendo cada um o texto dramático de uma peça, além de ensaios críticos sobre ela, se fez potente e foi ampliando o espaço que os livros de teatro ocupavam nas estantes das livrarias brasileiras. Se no começo nos víamos em pequeno volume nas prateleiras, com o tempo fomos testemunhando o crescimento dos volumes nas estantes, e mesmo o interesse de mais e mais autores de teatro, assim como de outras editoras, em publicar peças em livros.

Em 2015, ampliamos o espectro da coleção ao nos juntarmos a Márcia Dias e ao Núcleo dos Festivais Internacionais de Artes Cênicas do Brasil no projeto de difusão de dramaturgia estrangeira no Brasil e brasileira pelo mundo. Márcia, há anos a frente do TEMPO_FESTIVAL juntamente com César Augusto e Bia Junqueira, parceiros nossos em tantas publicações, convidou a Cobogó para ser a editora dos textos que vieram a constituir a Coleção Dramaturgia Espanhola, composta por dez livros com dez peças de dramaturgos espanhóis contemporâneos. Em 2019, foi a vez de a Dramaturgia Francesa virar coleção de livros, e dessa vez o projeto incluía, também, oito dramaturgos brasileiros a serem traduzidos e publicados na França. Numa troca de experiências interessantíssima, já que cada dramaturgo francês publicado no Brasil era traduzido pelo mesmo dramaturgo brasileiro, que seria traduzido por ele, para a publicação na França.

Em 10 anos e com mais de oitenta títulos de teatro publicados na Coleção Dramaturgia da Cobogó, publicar a Coleção Dramaturgia Holandesa é um desafio saboroso e instigante.

Pela primeira vez, nossos dramaturgos-tradutores não dominavam o idioma original e, com isso, era preciso trabalhar a partir de diferentes traduções de cada peça, por exemplo, para o inglês, o francês ou o alemão, com a imprescindível colaboração de Mariângela Guimarães e de sua experiência na tradução de textos originais do holandês para o português do Brasil.

Na tradução dos textos, não apenas a língua é vertida, como há também a adequação de referências culturais importantes para a estrutura dramática e narrativa das peças, que precisam ser trabalhadas a fim de trazer ao leitor brasileiro o universo do texto original, dos personagens e das situações, para que cheguem ao idioma de destino preservando a atmosfera do texto, embalado pelas novas palavras, agora em português, que reacendem e iluminam seus significados originais.

Traduzir é parte da prática teatral. Traduzem-se os textos para a cena. Gestos, falas, cenários, figurinos, luz, movimentos são todos, de certo modo, traduzidos a partir de ideias da dramaturgia, além de tantas outras que se constroem na prática teatral. Claro que nesse caso, uma tradução livre, por assim dizer, que toma as liberdades que cada artista envolvido no processo de construção do espetáculo desejar, levados pelas mãos do diretor.

Com o propósito de trazer para o público brasileiro as peças da Coleção Dramaturgia Holandesa, foram convidados os dramaturgos-tradutores Giovana Soar para *No canal à esquerda*, de Alex van Warmerdam; Newton Moreno para *A nação — Uma peça em seis episódios*, de Eric de Vroedt; Cris Larin para *Ressaca de palavras*, de Frank Siera; Ivam Cabral e Rodolfo García Vázquez para *Planeta Tudo*, de Esther Gerritsen; e Jonathan Andrade — o único com conhecimento do idioma holandês por ter vivido no Suriname na infância — para *Eu não vou fazer Medeia*, de Magne van den Berg.

É com imensa alegria que levamos aos leitores brasileiros mais esse incremento à Coleção Dramaturgia, ampliando essa parceria longeva e tão bem-vinda com Márcia Dias e o seu TEMPO_FESTIVAL, com o Núcleo dos Festivais Internacionais de Artes Cênicas do Brasil, com Anja Krans e o Performing Arts Fund NL e, acima de tudo, com o apoio fundamental do Dutch Foundation for Literature, na figura de Jane Dinmohamed, que, com seu programa de divulgação da literatura holandesa no mundo, tornou possível a realidade desses livros de Dramaturgia Holandesa no Brasil.

Isabel Diegues
Editora Cobogó

Sob as lentes da internacionalização de dramaturgias: Países Baixos em foco

Do Parque das Ruínas, avistamos frases que escorrem por um painel de led fixado num prédio no Centro do Rio de Janeiro. A distância de 2 quilômetros que nos separa é vencida pelas lentes da luneta que aperto contra meu olho. Focalizo minha atenção nos textos que integram "uma instalação onde os cariocas poderão se despedir de crenças, pensamentos e visões de mundo que estão com seus dias contados", como dizia o *release* da época. Essa experiência premonitória aconteceu no distante ano de 2012. A obra, que me convocou a pensar nas transformações do nosso tempo e a olhar novos futuros no horizonte, se chamava *Fare Thee Well,* ou *Adeus*, em tradução livre.

Esse trabalho, do artista Dries Verhoeven, integrou o Recorte da Cena Holandesa, apresentado pela curadoria da segunda edição do TEMPO_FESTIVAL. A obra nos aproximava das mudanças que vinham ocorrendo e, metaforicamente, tremulava pelo led cintilante diante dos nossos olhos: o mundo não é mais o mesmo. Embora seja uma memória distante, hoje, percebo quanto, naquele momento, *Fare Thee Well* antecipava e ampliava questões caras para mim e pelas quais eu iria me dedicar nos anos seguintes. Por outro ângulo, esse projeto foi responsável por me reaproximar da produção artística holandesa que me havia sido apresentada pelos artistas Cláudia Maoli e Carlos Lagoeiro, do grupo Munganga, radicados na Holanda desde o fim da década de 1980.[1]

Seguindo essa rota, o TEMPO_FESTIVAL ainda viabilizou a tradução do texto *Mac*, escrito por Jibbe Willems, e *Veneno*, de autoria de Lot Vekemans; idealizou, junto com Jorn Konijn, o projeto HOBRA durante os Jogos Olímpicos, que reuniu criações de artistas brasileiros e holandeses; coproduziu a exposição Adventures in Cross-Casting e a videoinstalação *Monólogos de gênero*, da artista visual Diana Blok; além de ter proposto a residência artística Vamos Fazer Nós Mesmos, com o coletivo Wunderbaum.

Ao longo dos anos, ampliei meu alcance de atuação e gerei aproximações entre países, culturas e visões de mundo. Investi em processos de intercâmbio, e assim nasceu o projeto Internacionalização de Dramaturgias. As primeiras experiências focaram em obras de autores espanhóis e franceses. Os textos traduzidos fazem parte da Coleção Dramaturgia, do catálogo da Editora Cobogó, e, com a colaboração dos parceiros do Núcleo dos Festivais de Artes Cênicas do Brasil, difundimos as obras pelo país. Juntos, envolvemos diferentes artistas nacionais de teatro, promovemos encontros entre encenadores e autores, incentivamos a realização das montagens das obras e estimulamos o intercâmbio de processos e procedimentos artísticos. Essas atividades geraram integração, fortaleceram as trocas

---

1. Depois do sucesso do premiado espetáculo *Bailei na curva*, no Rio de Janeiro, em 1985, participaram do Festival Internacional de Expressão Ibérica e decidiram seguir a vida na arte em Amsterdam. Criaram a Companhia Munganga, com a qual escreveram e produziram 26 espetáculos e, em 2014, inauguraram o Teatro Munganga, onde se apresentam e abrem espaço para outros artistas.

culturais e trouxeram ao público brasileiro uma visão atual e vibrante do Teatro produzido nesses países.

Agora, a terceira edição do projeto renova expectativas. Com a Coleção Dramaturgia Holandesa, as peças ganharão novos olhares que oferecerão abordagens e encenações singulares. Para a seleção dos textos, apresentei ao Performing Arts Fund NL os critérios que orientam o projeto: textos teatrais contemporâneos escritos por autores vivos; obras contempladas com, ao menos, um prêmio de dramaturgia no país; trabalhos com potencial de despertar o interesse do público brasileiro, pouco familiarizado com a produção holandesa. Na primeira etapa desse desafio, me debrucei sobre trinta textos com a ingrata tarefa de escolher apenas cinco obras de cinco autores. Os trabalhos reunidos nesta coleção, apesar das diferenças sociopolíticas e culturais, trazem diálogos, conflitos, reflexões e perspectivas que equilibram contraste e identificação.

Pela realização desta nova etapa, agradeço o apoio do Dutch Foundation for Literature, instituição que apoia escritores e tradutores e promove a literatura holandesa no exterior, e a reiterada confiança depositada no projeto pelo Performing Arts Fund NL, programa cultural do governo holandês que apoia diversos segmentos artísticos, com atenção especial à internacionalização, à diversidade cultural e ao empreendedorismo. Essas instituições foram fundamentais e deram lastro ao projeto de Internacionalização da Dramaturgia Holandesa. Esta jornada só foi possível com a parceria dos companheiros de aventura, a quem dedico meu carinho especial, como Anja Krans, com quem pude contar inúmeras vezes; a Editora Cobogó; aos integrantes do Núcleo dos Festivais Internacionais de Artes Cênicas do Brasil e aos meus parceiros do TEMPO_FESTIVAL, Bia Junqueira e César Augusto, que me emprestam energia e inspiração para seguir a travessia na busca de novos territórios.

Apesar dos tempos que correm, continuarei colocando artistas, obras e públicos em contato. Por onde avistar receptividade, ampliarei a biblioteca do projeto de Internacionalização de Dramaturgias. O mundo é grande e minha luneta, inquieta.

Márcia Dias
Diretora da Buenos Dias —
Projetos e Produções Culturais

Criando laços entre Brasil e Holanda

O Performing Arts Fund NL é o fundo nacional de cultura para teatro, música, teatro musical e dança da Holanda e fornece apoio, em nome do governo holandês, a todas as formas de arte das performances profissionais. Um dos nossos objetivos é promover internacionalmente a obra de dramaturgos contemporâneos baseados na Holanda. Em colaboração com Márcia Dias, do TEMPO_FESTIVAL, procuramos vozes interessantes do teatro atual e cinco peças teatrais de língua holandesa foram selecionadas para receber tradução brasileira. Essa seleção também retrata a multiplicidade de vozes e opiniões da sociedade moderna. Os textos são um reflexo do universo teatral holandês e ao mesmo tempo convidam profissionais brasileiros a criar laços entre os dois continentes e os dois países. A apresentação dessas obras no Brasil em festivais de prestígio, reunidos sob o nome Núcleo dos Festivais de Artes Cênicas do Brasil, fortalecerá ainda mais esses laços e contribuirá para o diálogo entre o Brasil e a Holanda — um intercâmbio crescente e permanente de arte e conhecimento que não pode ser paralisado pela pandemia.

Anja Krans
Gerente de programação — Performing Arts Fund NL

Para mais informações, visite https://fondspodiumkunsten.nl

Núcleo dos Festivais: Colecionar, um verbo que se conjuga junto

O Núcleo dos Festivais Internacionais de Artes Cênicas do Brasil está comprometido com o desenvolvimento socioeconômico e educacional, com o bem-estar e a promoção das artes cênicas do país. Sua missão é intensificar o intercâmbio cultural e estimular novas experiências artísticas. Desde 2003, os festivais que compõem o Núcleo, juntos, vêm formando uma rede em que circulam milhares de espetáculos e ações pelos estados da Bahia, de Minas Gerais, de Pernambuco, do Paraná, do Rio de Janeiro, do Rio Grande do Sul, de São Paulo e do Distrito Federal.

Márcia Dias, diretora e curadora do TEMPO_FESTIVAL, integrante do Núcleo e idealizadora do projeto de Internacionalização de Dramaturgias, convidou o coletivo para participar do projeto e, assim, ampliar a abrangência territorial e agregar um maior número de artistas e públicos. Essa relação e cooperação estimulou o intercâmbio, processos colaborativos de criação e a internacionalização de artistas e obras de artes cênicas. O Núcleo produziu as duas primeiras edições que traduziram as obras de autores espanhóis e franceses contemporâneos seguidas de encenação.

Em 2015, a Coleção Dramaturgia Espanhola gerou desdobramentos: quatro montagens teatrais,[1] uma indicação a prêmio[2] e a produção de um filme de longametragem exibido por diversos festivais.[3] Em 2019, foi realizada a Nova Dramaturgia Francesa e Brasileira. A segunda experiência do projeto construiu uma via de mão dupla, traduziu e difundiu a dramaturgia francesa para o português (Coleção Dramaturgia Francesa, Editora Cobogó) e textos brasileiros, traduzidos para o francês. Por conta da pandemia de covid-19, as ações decorrentes da tradução dos textos brasileiros para o francês precisaram ser reprogramadas para 2023, quando as leituras dramáticas ocupam o Théâtre National de La Colline, em Paris; Festival Actoral, em Marselha; e La Comédie de Saint-Étienne, na cidade que dá nome ao teatro.

Agora, a terceira edição do projeto de Internacionalização de Dramaturgias constrói uma parceria com os Países Baixos, em que artistas brasileiros de diferentes regiões do país traduzem as obras holandesas e realizam leituras dramáticas dos textos. Em formato de residência artística, encenadoras/es brasileiras/os,

---

1. *A paz perpétua*, de Juan Mayorga, direção de Aderbal Freire-Filho (2016), indicação ao 29º Prêmio Shell de Teatro na categoria de Melhor Direção e ao 11º Prêmio APTR nas categorias de Melhor Direção e Melhor Espetáculo; *O princípio de Arquimedes*, de Josep Maria Miró, direção de Daniel Dias da Silva, Rio de Janeiro (2017); *Atra Bílis*, de Laila Ripoll, direção de Hugo Rodas (2018); *CLIFF* (Precipício), de Alberto Conejero López, com Gustavo Gasparani, sob a direção de Fernando Philbert, que não estreou em 2021 por causa da pandemia.
2. Indicação na Categoria Especial do 5º Prêmio Questão de Crítica, 2016.
3. *Aos teus olhos*, adaptação de *O princípio de Arquimedes*, com direção de Carolina Jabor (2018), ganhou os prêmios de Melhor Roteiro (Lucas Paraizo), Ator (Daniel de Oliveira), Ator Coadjuvante (Marco Ricca) e Melhor Longa de Ficção, pelo voto popular, no Festival do Rio; o Prêmio Petrobras de Cinema, na 41ª Mostra de São Paulo, de Melhor Filme de Ficção Brasileiro; e os prêmios de Melhor Direção, no 25º Mix Brasil, e Melhor Filme da mostra SIGNIS, no 39º Festival de Havana.

autoras/es holandesas/es e companhias de teatro locais compartilham o processo criativo que apresentam ao público no lançamento das publicações, que acontece nos Festivais do Núcleo.

Nesta edição, foram convidadas/os para as traduções: Cris Larin (*Ressaca de palavras* [*Spraakwater*], de Frank Siera); Giovana Soar (*No canal à esquerda* [*Bij Het Kanaal Nar Links*], de Alex van Warmerdam); Ivam Cabral e Rodolfo García Vázquez (*Planeta Tudo* [*Allees*], de Esther Gerritsen); Jonathan Andrade (*Eu não vou fazer Medeia* [*Ik Speel Geen Medea*], de Magne van den Berg); e Newton Moreno (*A nação — Uma peça em seis episódios* [*The Nation*], de Eric de Vroedt). Esses textos que formam a Coleção Dramaturgia Holandesa, publicados pela Editora Cobogó, dão continuidade e ampliam a biblioteca do projeto e a disponibilidade de novos textos para criadores de língua portuguesa.

Fazer parte desse processo, conhecer a dramaturgia holandesa, gerar encontros entre artistas e promover novas experiências é uma maneira de nos aproximar e construir relações, verbos que ganharam outra dimensão com a pandemia. Neste projeto, o Núcleo dos Festivais Internacionais de Artes Cênicas do Brasil reafirma seu compromisso com a comunidade artística e seu papel no desenvolvimento do país, através da cultura. Colecionemos boas histórias, memórias e relações!

Núcleo dos Festivais Internacionais de Artes Cênicas do Brasil
Cena Contemporânea – Festival Internacional de Teatro de Brasília
Festival Internacional de Artes Cênicas da Bahia – FIAC BAHIA
Festival Internacional de Londrina – FILO
Festival Internacional de Teatro de São José do Rio Preto – FIT Rio Preto
Mostra Internacional de Teatro de São Paulo – MITsp
Porto Alegre em Cena – Festival Internacional de Artes Cênicas
RESIDE _ FIT/PE – Festival Internacional de Teatro de Pernambuco
TEMPO_FESTIVAL – Festival Internacional de Artes Cênicas do Rio de Janeiro

CIP-BRASIL. CATALOGAÇÃO NA PUBLICAÇÃO
SINDICATO NACIONAL DOS EDITORES DE LIVROS, RJ

S574r

Siera, Frank

Ressaca de palavras / Frank Siera ; tradução Cris Larin ; consultoria de tradução Mariângela Guimarães. - 1. ed. - Rio de Janeiro : Cobogó, 2022.
80 p. ; 19 cm. (Dramaturgia holandesa)

Tradução de: Spraakwater
ISBN 978-65-5691-065-9

1. Teatro holandês. 2. Dramaturgia holandesa. I. Larin, Cris.
II. Título. III. Série.

22-76811   CDD: 839.312
            CDU: 82-2(492)

Gabriela Faray Ferreira Lopes - Bibliotecária - CRB-7/6643

Nenhuma parte desta obra pode ser reproduzida, adaptada, encenada, registrada em imagem e/ou som, ou transmitida de nenhuma forma ou por nenhum meio sem a permissão expressa e por escrito da Editora Cobogó.

Todos os direitos em língua portuguesa reservados à
Editora de Livros Cobogó Ltda.
Rua Gen. Dionísio, 53, Humaitá
Rio de Janeiro — RJ — Brasil — 22271-050
www.cobogo.com.br

© Editora de Livros Cobogó, 2022

Editora-chefe
Isabel Diegues

Editora
Aïcha Barat

Gerente de produção
Melina Bial

Consultoria de tradução
Mariângela Guimarães

Revisão final
Eduardo Carneiro

Projeto gráfico de miolo e diagramação
Mari Taboada

Capa
Radiográfico

A Coleção Dramaturgia Holandesa faz parte do projeto de Internacionalização de Dramaturgias

Idealização
Márcia Dias

Direção artística e de produção
Márcia Dias

Coordenação geral Holanda
Anja Krans

Coordenação geral Brasil
Núcleo dos Festivais Internacionais de Artes Cênicas do Brasil

Realização
Buenos Dias
Projetos e Produções Culturais

Esta publicação foi viabilizada com apoio financeiro da Dutch Foundation for Literature.

Coleção Dramaturgia

ALGUÉM ACABA DE MORRER LÁ FORA, de Jô Bilac

NINGUÉM FALOU QUE SERIA FÁCIL, de Felipe Rocha

TRABALHOS DE AMORES QUASE PERDIDOS, de Pedro Brício

NEM UM DIA SE PASSA SEM NOTÍCIAS SUAS, de Daniela Pereira de Carvalho

OS ESTONIANOS, de Julia Spadaccini

PONTO DE FUGA, de Rodrigo Nogueira

POR ELISE, de Grace Passô

MARCHA PARA ZENTURO, de Grace Passô

AMORES SURDOS, de Grace Passô

CONGRESSO INTERNACIONAL DO MEDO, de Grace Passô

IN ON IT | A PRIMEIRA VISTA, de Daniel MacIvor

INCÊNDIOS, de Wajdi Mouawad

CINE MONSTRO, de Daniel MacIvor

CONSELHO DE CLASSE, de Jô Bilac

CARA DE CAVALO, de Pedro Kosovski

GARRAS CURVAS E UM CANTO SEDUTOR, de Daniele Avila Small

OS MAMUTES, de Jô Bilac

INFÂNCIA, TIROS E PLUMAS, de Jô Bilac

NEM MESMO TODO O OCEANO, adaptação de Inez Viana do romance de Alcione Araújo

NÔMADES, de Marcio Abreu e Patrick Pessoa

CARANGUEJO OVERDRIVE, de Pedro Kosovski

BR-TRANS, de Silvero Pereira

KRUM, de Hanoch Levin

MARÉ/PROJETO BRASIL, de Marcio Abreu

AS PALAVRAS E AS COISAS, de Pedro Brício

MATA TEU PAI, de Grace Passô

ÃRRÃ, de Vinicius Calderoni

JANIS, de Diogo Liberano

NÃO NEM NADA, de Vinicius Calderoni

CHORUME, de Vinicius Calderoni

GUANABARA CANIBAL, de Pedro Kosovski

TOM NA FAZENDA, de Michel Marc Bouchard

OS ARQUEÓLOGOS, de Vinicius Calderoni

ESCUTA!, de Francisco Ohana

ROSE, de Cecilia Ripoll

O ENIGMA DO BOM DIA, de Olga Almeida

A ÚLTIMA PEÇA, de Inez Viana

BURAQUINHOS OU O VENTO É INIMIGO DO PICUMÃ, de Jhonny Salaberg

PASSARINHO, de Ana Kutner

INSETOS, de Jô Bilac

A TROPA, de Gustavo Pinheiro

A GARAGEM, de Felipe Haiut

SILÊNCIO.DOC, de Marcelo Varzea

PRETO, de Grace Passô, Marcio Abreu e Nadja Naira

MARTA, ROSA E JOÃO, de Malu Galli

MATO CHEIO, de Carcaça de Poéticas Negras

YELLOW BASTARD, de Diogo Liberano

SINFONIA SONHO, de Diogo Liberano

SÓ PERCEBO QUE ESTOU CORRENDO QUANDO VEJO QUE ESTOU CAINDO, de Lane Lopes

SAIA, de Marcéli Torquato

DESCULPE O TRANSTORNO, de Jonatan Magella

TUKANKÁTON + O TERCEIRO SINAL, de Otávio Frias Filho

SUELEN NARA IAN, de Luisa Arraes

SÍSIFO, de Gregorio Duvivier e Vinicius Calderoni

HOJE NÃO SAIO DAQUI, de Cia Marginal e Jô Bilac

PARTO PAVILHÃO, de Jhonny Salaberg

A MULHER ARRASTADA, de Diones Camargo

CÉREBRO_CORAÇÃO, de Mariana Lima

O DEBATE, de Guel Arraes e Jorge Furtado

BICHOS DANÇANTES, de Alex Neoral

A ÁRVORE, de Silvia Gomez

CÃO GELADO, de Filipe Isensee

PRA ONDE QUER QUE EU VÁ SERÁ EXÍLIO, de Suzana Velasco

DAS DORES, de Marcos Bassini

VOZES FEMININAS – NÃO EU, PASSOS, CADÊNCIA, de Samuel Beckett

PLAY BECKETT: UMA PANTOMIMA E TRÊS DRAMATÍCULOS – ATO SEM PALAVRAS II, COMÉDIA, CATÁSTROFE, IMPROVISO DE OHIO, de Samuel Beckett

COLEÇÃO DRAMATURGIA ESPANHOLA

A PAZ PERPÉTUA, de Juan Mayorga | Tradução Aderbal Freire-Filho

ATRA BÍLIS, de Laila Ripoll | Tradução Hugo Rodas

CACHORRO MORTO NA LAVANDERIA: OS FORTES, de Angélica Liddell | Tradução Beatriz Sayad

CLIFF (PRECIPÍCIO), de José Alberto Conejero | Tradução Fernando Yamamoto

DENTRO DA TERRA, de Paco Bezerra | Tradução Roberto Alvim

MÜNCHAUSEN, de Lucía Vilanova | Tradução Pedro Brício

NN12, de Gracia Morales | Tradução Gilberto Gawronski

O PRINCÍPIO DE ARQUIMEDES, de Josep Maria Miró i Coromina Tradução Luís Artur Nunes

OS CORPOS PERDIDOS, de José Manuel Mora | Tradução Cibele Forjaz

APRÈS MOI, LE DÉLUGE (DEPOIS DE MIM, O DILÚVIO), de Lluïsa Cunillé | Tradução Marcio Meirelles

COLEÇÃO DRAMATURGIA FRANCESA

É A VIDA, de Mohamed El Khatib | Tradução Gabriel F.

FIZ BEM?, de Pauline Sales | Tradução Pedro Kosovski

ONDE E QUANDO NÓS MORREMOS, de Riad Gahmi | Tradução Grupo Carmin

PULVERIZADOS, de Alexandra Badea | Tradução Marcio Abreu

EU CARREGUEI MEU PAI SOBRE MEUS OMBROS, de Fabrice Melquiot | Tradução Alexandre Dal Farra

HOMENS QUE CAEM, de Marion Aubert | Tradução Renato Forin Jr.

PUNHOS, de Pauline Peyrade | Tradução Grace Passô

QUEIMADURAS, de Hubert Colas | Tradução Jezebel De Carli

COLEÇÃO DRAMATURGIA HOLANDESA

EU NÃO VOU FAZER MEDEIA, de Magne van den Berg | Tradução Jonathan Andrade

RESSACA DE PALAVRAS, de Frank Siera | Tradução Cris Larin

PLANETA TUDO, de Esther Gerritsen | Tradução Ivam Cabral e Rodolfo García Vázquez

NO CANAL À ESQUERDA, de Alex van Warmerdam | Tradução Giovana Soar

A NAÇÃO - UMA PEÇA EM SEIS EPISÓDIOS, de Eric de Vroedt | Tradução Newton Moreno

2022

———————

1ª impressão

Este livro foi composto em Calluna.
Impresso pela BMF Gráfica e Editora
sobre papel Pólen Bold 70g/m².